Compagnies des Chemins de Fer de l'Ouest & de Brighton
OFFICIAL GUIDE OFFICIEL
LONDON
TO
Snap-shots on my journey
PARIS
VIA
NEWHAVEN & DIEPPE
GUIDE SAUVERT
PARIS
Ce que je vois de mon wagon
A LONDRES

SAUVEUR'S GUIDES
GARE ST LAZARE
SUSSEX
LONDON BRIDGE
VICTORIA
A.Sauveur
Imp. Draeger . Paris

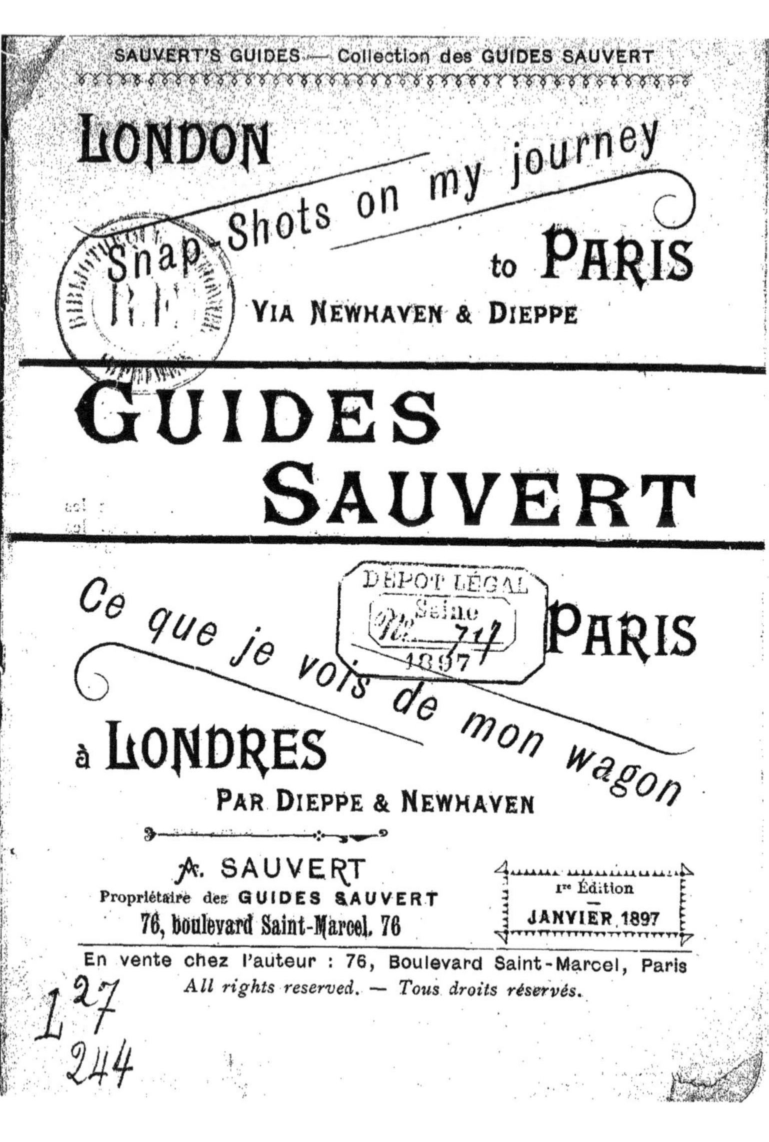

En vente chez l'auteur : 76, Boulevard Saint-Marcel, Paris

<table>
<tr><td>

NOTICE

Following this little guide page by page the traveller will find reproductions of photographs of some of the most interesting views to be observed from the carriage windows on the journey from Paris to London. The most notable incidents connected with the places selected for illustration are very concisely given in the text whilst the route-plans will enable the traveller easily to ascertain their exact position in relation to the railway.

The descriptive matter is necessarily very succinct and the work is not intended in any way to usurp the place occupied by the numerous guide-books fully describing the district covered.

Travellers from London to Paris should peruse the pages in the reverse direction.

</td><td>

AVIS IMPORTANT

En tournant régulièrement les feuillets de ce guide, MM. les Voyageurs de Paris à Londres verront se dérouler, successivement, les photographies de tous les paysages remarquables que l'on peut, d'ailleurs, observer par les portières. Un texte très court donne rapidement leur histoire, enfin un tronçon de carte indique la position topographique des vues illustrées. Cette disposition spéciale explique notre sous-titre :

"*Ce que je vois de mon wagon*".

MM. les voyageurs qui partent de Londres pour Paris, sont priés de se reporter à la page 60 du guide et de le parcourir en sens inverse, suivant la pagination du bas.

</td></tr>
</table>

PARIS, IMP. G. LEFEBVRE, 5 & 7, RUE CLAUDE VELLEFAUX.

LONDON TO PARIS (VIA NEWHAVEN & DIEPPE)

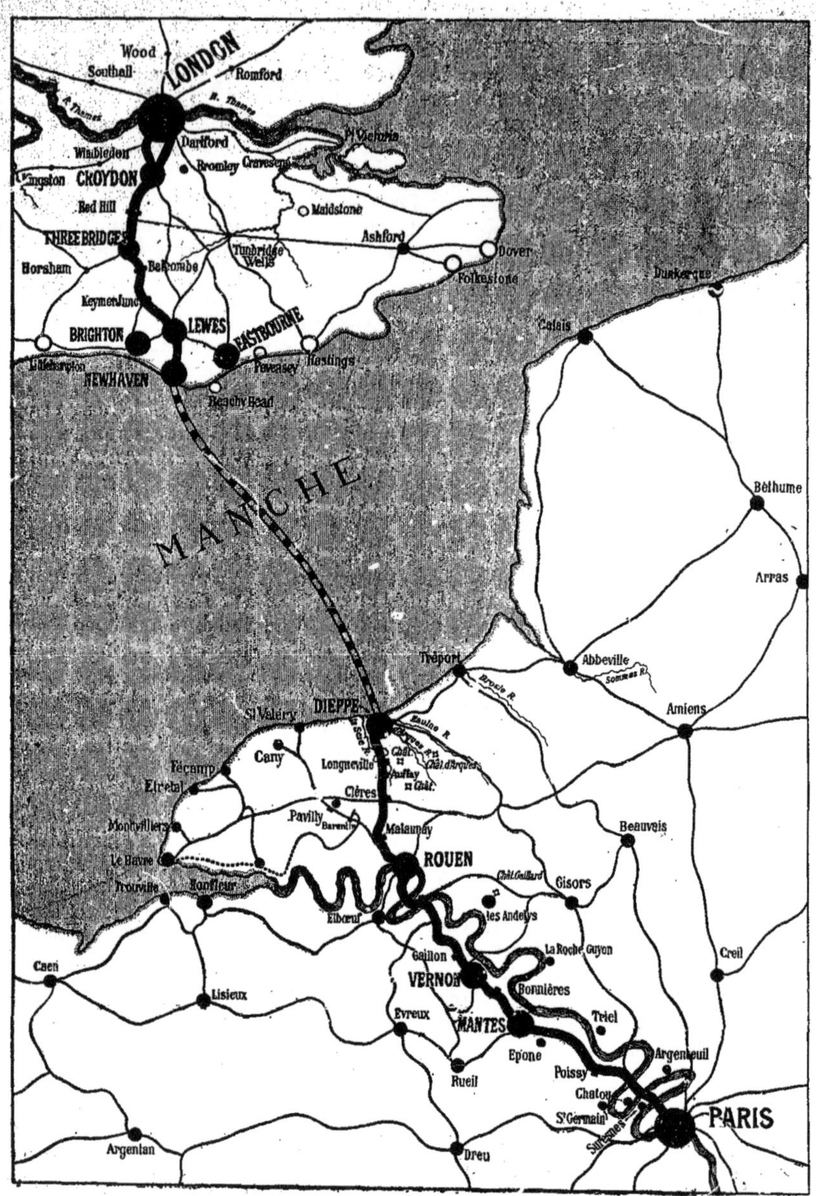

PARIS A LONDRES (VIA DIEPPE-NEWHAVEN)

L'Arc de Triomphe de l'Étoile. Commencé en 1806, par Napoléon Ier à la gloire de la Grande Armée, — Chalgrin en dirigea les travaux ; à sa mort Goust lui succéda ; la construction resta longtemps en souffrance et ne fut terminée qu'en 1836. Il a coûté 9 millions.

(2) Le *Panthéon*. Construit au 18ᵉ siècle par Soufflot à la mémoire de Sainte-Geneviève. La Révolution en fit la nécropole des grands hommes ; le 3ᵉ empire le transforma en église, enfin depuis la mort de Victor Hugo, il a repris son ancienne destination. On y remarque les tombeaux de Voltaire, Rousseau, Victor Hugo, S. Carnot, etc., etc.

(3) *Notre-Dame*, l'église métropolitaine de Paris, date des XIIᵉ et XIIIᵉ siècles. Affreusement mutilée sous Louis XV, elle fut restaurée de nos jours par Viollet-le-Duc. — Son trésor possède la vraie couronne d'épines rapportée de Palestine par Saint-Louis.

(4) La *Tour Eiffel*, haute de 300 m. Calculée en solide d'égale résistance, affecte quatre profils paraboliques. Sa base se compose de quatre pieds équilibrés sur des vérins. L'arc a 70 mètres de hauteur. Notre-Dame n'ayant que 66 pourrait donc passer sous la première plate-forme.

(5) Le *Palais du Trocadéro* construit en 1878 par Davioud et Bourdais, dans le style oriental renferme plusieurs musées historiques et religieux. Il possède en outre une salle de fête de 64 mètres de largeur, pouvant contenir 6,000 personnes.

The *Arc de Triomphe*, Place de l'Étoile, an imposing monument, commenced in 1806 under the auspices of the great Napoleon, and from designs by Chalgrin, was completed in the year 1836.

(2) The *Panthéon*, a massive classic edifice erected in the last century by the architect Soufflot and dedicated to Sᵗ-Geneviève, the Patron Saint of Paris. It was converted by the National Convention into a secular Mausoleum, but during the Empire it was again consecrated. After the death of Victor Hugo it was, once more secularised and his ashes together with those of Voltaire, Rousseau, Carnot and other eminent Frenchmen rest there.

(3) *Notre-Dame*, the Metropolitan church of Paris, was built during the 12ᵗʰ and 13ᵗʰ Centuries, it was greatly mutilated during the Revolution but has been carefully restored under the care of the well known architect Viollet-le-Duc. The treasury contains numerous important Relics and specimens of the goldsmith's and embroiderer's art.

(4) The *Eiffel Tower*, erected in connection with the Exhibition of 1889, is a massive structure of wrought iron, upwards of 1000 feet in height. It is divided into three stages all of which are accessible to the public by means of lifts and stairways.

(5) The *Trocadéro Palace*, built in 1878 by the architects Davioud and Bourdais in a semi-oriental style, contains several religious and historical museums and a fine concert hall capable of seating over 6000 persons.

A. Sauvert

Asnières. — Vue prise du milieu du pont.

Asnières, patrie des canotiers est renommée pour ses bonnes fritures ; innombrables villas. Sur la droite en haut du côteau se trouve Montmorency et la maison habitée jadis par Mirabeau.

(2) Le *Mont-Valérien*, le plus haut plateau des environs de Paris, sur lequel se trouve établie la défense la plus redoutable de la capitale ; sur la droite Colombes. C'est là que mourut dans une grande misère Marie-Henriette, fille d'Henri IV et veuve de Charles Ier.

(3) *Rueil*, joli petit village caché dans la verdure, séjour préféré du cardinal de Richelieu. C'est au bas de ce côteau que le célèbre homme d'Etat avait fait construire son palais. L'église de Rueil renferme le tombeau d'Eugène de Beauharnais.

(4) *Châtou*, au bord de la Seine. L'église qui date du XIIIe siècle, et qui fut mutilée en 1870, possède une Vierge antique et un groupe de N.-D. des Sept-Douleurs, offert par la reine Amélie à la mémoire du duc de Berry.

Château de la Seigneurie, beau parc, grotte curieuse supportée par 18 colonnes, d'où jaillit une source.

Asnières, as viewed from the bridge which crosses the Seine at this charming suburban pleasure resort. Asnières is the head quarters of the principal Parisian rowing-clubs. On the right of the picture is Montmorency and the house wherein dwelt Mirabeau.

(2) *Mont-Valérien*, the highest ground in the neighbourhood of Paris. On the summit is a strong fortress for the protection of Paris. On the right of the view is the village of Colombes where Marie-Henriette, widow of Charles I of England and daughter of Henri IV of France, died in great poverty.

(3) A glimpse of the village of *Rueil* built at the foot of a hill on which Richelieu erected a strong castle. The church of Rueil contains the remains of Eugène de Beauharnais.

(4) *Châtou*, on the banks of the Seine, has a 13th Century church which suffered greatly during the war of 1870. It contains an ancient statue of the Blessed Virgin and some fine statuary erected by queen Amélie to the memory of the Duc de Berry. The castle of Châtou is surrounded by a beautiful park in which is a curious grotto erected over the source of a stream.

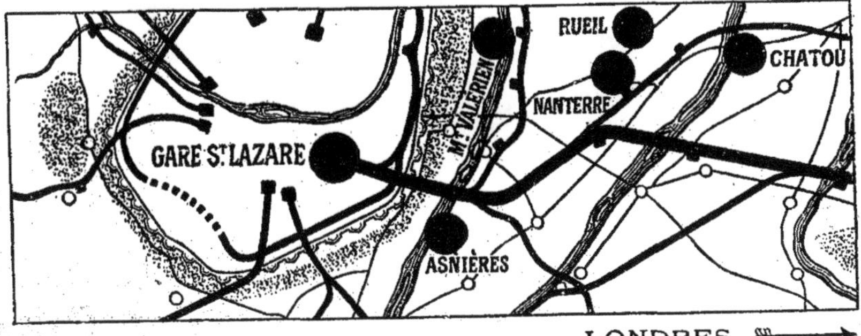

A. Squivert

ue de la Seine du pont de Mai-
sons-Lafitte. Dans le lointain
se dessine la fine silhouette du
château de St-Germain, de style
Renaissance, où naquirent Henri II
et Louis XIV. Ce palais fut offert
en résidence à Jacques II Stuart,
chassé d'Angleterre.

On arrive ensuite à Maisons,
dont le château, œuvre de Mansart
(1658), abrita successivement
Louis XIV, Louis XVI, Marie-
Antoinette, Voltaire, Talma et
Napoléon.

(2) *Le clocher de Poissy*, vu du
chemin de fer.

(3) *Poissy*. Vue du débarcadère
et de la rue principale de la ville,
un jour de fête.

Résidence de Hugues Capet ; patrie de St-Louis ; possède une maison de détention, d'anciens vestiges
de fortifications et un célèbre mar-
ché aux bestiaux ; pont moyen-âge
sur la Seine. Ce fut dans cette ville
que les catholiques et les protes-
tants essayèrent de faire la paix
sans y réussir ; cette réunion est
connue dans l'histoire sous le nom
de Colloque de Poissy.

(4) *Église de Poissy*, construite
sur l'emplacement de celle qu'avait
fait bâtir Philippe-le-Bel, détruite par la Révolution. On voit
encore dans le chœur la pierre
baptismale du roi St-Louis.

---

view of the Seine from the
bridge of Maisons-Laffitte. In
the distance is the chateau de "St-
Germain" in the renaissance style.
Henri II and Louis XIV were
born there and it was the residence of James II after he fled
from England.

A short distance further on is
Maisons where stands a castle erec-
ted in 1658 by Mansart which
was successively the residence of
Louis XIV, Louis XVI, Marie-
Antoinette, Voltaire and Napoleon I.

(2) *The spire of the church of
Poissy* as seen from the Railway.

(3) A glimpse of the principal
street of *Poissy* as seen from the
Railway station on a holiday. This
town is celebrated as being the
birth place of St-Louis ; there is a
fine bridge over the Seine, and a
large cattle market is held there.
There are also the ruins of some
very ancient fortifications.

(4) *The Church of Poissy* which
was rebuilt on the site of one
erected by Philippe-le-Bel destroyed during the Revolution. In
the choir is still to be seen the font
used at the baptism of St-Louis,
king of France.

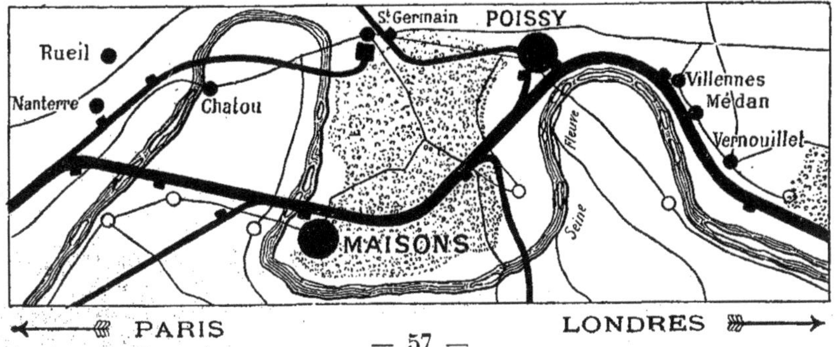

Petit bras de la Seine à Villennes, renommé pour ses pêcheurs à la ligne.

Non loin de là, se trouve le riant petit village de Villennes, dont l'origine remonte presqu'à l'époque gallo-romaine. Il fut pillé et incendié par les hordes normandes et après un repos de plusieurs siècles, ce malheureux village se trouva de nouveau réduit en cendres par les guerres de religion.

(2) *Château de Médan.* — Vieille bâtisse du xvie siècle; restes mutilés de l'ancienne demeure seigneuriale.

(3) *La Maison de M. Emile Zola,* se trouve tout près de la voie à gauche aussitôt après avoir dépassé le pont. C'est dans cette élégante villa que le maître a écrit la plupart de ses romans.

(4) Presque en face de cette résidence se trouve une *île ravissante* dans laquelle un élégant châlet se mire coquettement dans l'eau.

C'est de là que le maître taquine le goujon aux heures de profondes rêveries.

The river Seine at Villennes, a noted rendez-vous of the disciples of Isaac Walton.

Not far from here will be found the charming little village of Villennes, the origin of which dates back as far as the Gallo-roman epoch. This village was burnt down by the Normans and some centuries after, during the religious wars, it was again reduced to ashes.

(2) The ruins of the *Chateau de Médan* wich was originally erected in the 16th century.

(3) On our left, near the railway, after passing the bridge, we catch a glimpse of *the residence of Emile Zola.* It is there, the noted novelist, wrote the greater part of his works.

(4) Not far from the residence of Zola will be found a charming little *island* whereon the " littérateur " has constructed a tasteful fishing châlet.

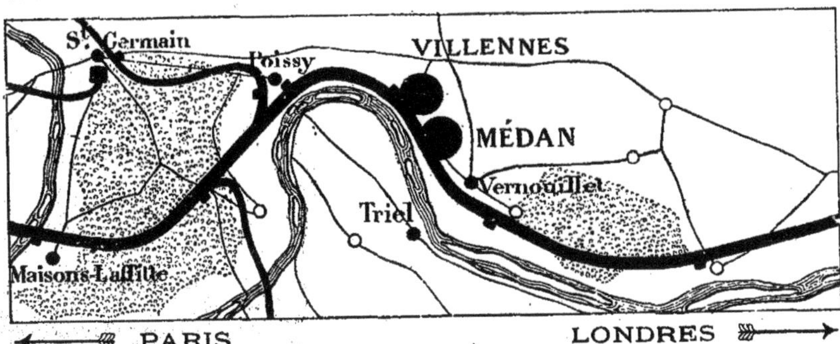

A. Sauvert.

Vernouillet, vue de la voie. — Village de peu d'importance mais situé dans un riant paysage. Désolé pendant les guerres de religion, possède encore son château seigneurial, berceau de la famille de Périgord qui, sous la restauration fut l'un des centres aristocratiques du bon goût.

(2) *L'Eglise de Vernouillet*, en forme de croix latine datant du xiiie siècle, est un petit bijou, sa flèche ciselée en forme d'écailles de poisson est supportée par un lanterneau de colonnettes, terminées par des clochetons, qui en font un chef-d'œuvre d'élégance.

(3) *L'Eglise de Triel*, aussi du xiiie siècle a été remaniée; elle affecte un caractère spécial autant par les balustres qui décorent le pourtour de sa corniche, que par les arcs-boutants qui maintiennent ses murs. — Elle possède de beaux vitraux et un magnifique tableau du Poussin, offert par le pape à la reine Christine qui le donna à sa mort à l'un de ses gentils-hommes, lequel en fit cadeau à son domestique qui était de Triel.

(4) *Meulan*, réuni à la France par Philippe-Auguste. — Anne d'Autriche habita le couvent où elle conçut Louis XIV. — Pont en pierre fort ancien.

A distant view of *Vernouillet* is to be had from the railway. It is a village of little importance in itself but most pleasantly situated in the midst of a fertile country. It suffered greatly during the religious disturbances of the middle ages.

Near at hand is the Chateau of Vernouillet the seat of the old noble French family of Périgord.

(2) *The Church of Vernouillet* is a cruciform structure dating from the 13th century. Its spire. which is both unique and elegant. springs from a lantern formed of clusters of pillars terminating in a number of small turrets. The whole edifice forms an architectural chef-d'œuvre.

(3) *The church of Triel* was also erected in the 13th century but subsequently received numerous alterations and additions. Its walls are supported by flying butresses; it contains much ancient stained glass and a fine painting by Poussin given by the Pope to queen Christine.

(4) *Meulan* a typical French agricultural village of 2400 inhabitants. The Seine is crossed here by a fine ancient stone bridge.

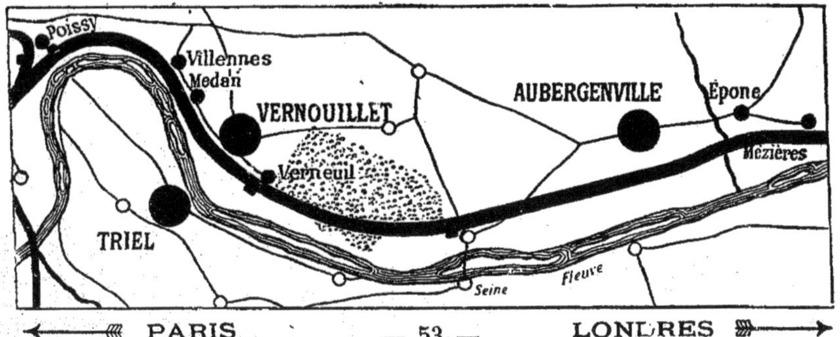

Environs d'Epone, célèbres par leurs antiquités gallo-romaines. — Notre gravure représente un tombeau gaulois resté intact. — La commune possède encore une petite tourelle du x° siècle et l'antique manﾞ des de Créquy. — Entrevue d'Abélard et de Charles-le-Chauve au ix° siècle.

(2) Mézière, ravissant village, au bas d'un côteau verdoyant ; fort éprouvé à l'époque des guerres de religion. — Son église possède un clocher de style roman.

(3) La Seine en face Porcheville, Vue prise au moment du passage du bateau "Le Touriste".

Le village de Porcheville est situé dans un des sites les plus charmants que l'on puisse rencontrer de Paris à Rouen.

(4) Pont de raccordement de la ligne de Paris-Rouen par Argenteuil avec la ligne Paris-Rouen par Poissy.

Ce pont de construction récente sert de point de raccordement d'une seconde ligne passant par Argenteuil et permettant de diminuer l'encombrement des trains journaliers qu'une seule paire de voies avait occassionné.

We now approach the Environs of Epone in the neighbourhood of which are many celebrated Roman antiquities. Our view (1) shows an ancient tomb in a good state of preservation. The town possesses a church with a Norman tower and here is the old manor-house of the de Créquy where the meeting of Abelard and Charles le Chauve took place in the 9th century.

(2) Mézière is a pleasantly situated village, which, like many others in this part of the country, suffered greatly during the religious dissensions of the middle ages.

(3) A passing view of the Seine opposite Porcheville. This is one of the many charming peeps of the noble river which the traveller obtains during the rail journey from Paris to Dieppe.

(4) From this point there are two routes to Paris, that via Poissy over which we have been travelling, and a new route via Argenteuil. The latter is carried over the Seine by a fine stone bridge which is seen on our right.

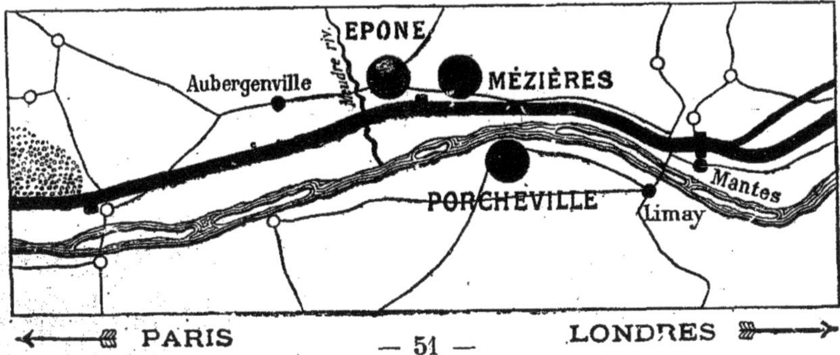

A. Saurer

Brûlée entièrement par Guillaume le Conquérant au XIIe siècle, relevée de ses ruines, jeune et riante, elle fut baptisée la « Jolie ».

Philippe-Auguste y mourut.

Elle fut pillée une deuxième fois par Edouard III, roi d'Angleterre, 1345.

Rendez-vous d'Henri IV et de la belle Gabrielle.

C'est à Mantes qu'Henri IV résolut de se convertir.

Rendez-vous de la cour de Louis XIII.

(1) Vue du wagon de *Mantes-la-Jolie* avec ses îles enchanteresses.

(4) *Cathédrale*. Brûlée par Guillaume le Conquérant lors du sac de la ville où il se blessa mortellement, 1087. Rebâtie par Jeanne de France.

(3) *Vieux pont* remontant au XIIe siècle; il avait alors 37 arches en ogive et supportait des moulins et les ouvrages avancés de défense de la place. Jusqu'en 1870, un vieux moulin est resté accroché à ses flancs.

(2) Représente le *vieux pont* actuel sans son pittoresque moulin que les Prussiens ont fait sauter en 1870, en détruisant le pont.

(5) *Rue Nationale*, à Mantes, la plus importante de la ville et faisant communiquer le pays avec Limay.

The interesting town of Mantes now bursts upon our view. It was burnt to the ground by William the Conquerer, rebuilt in the 12th century and surnamed « La Jolie » on account of its pleasant situation.

Philip Augustus died there.

It was pillaged a second time by Edward the III of England in 1345.

Henry the IV and " la belle Gabrielle " used to meet there.

It was also in this town that Henry the IV became converted.

Mantes was much frequented by the court of Louis the XIII.

(1) From the railway there is a view of *Mantes-la-Jolie* and its beautiful islands.

(4) The *Cathedral* was burnt by William the Conqueror, who was mortally wounded here in 1807, and rebuilt by Jeanne de France daughter of Louis the XI.

(3) The *old bridge* erected in the 12th century was supported by 37 arches.

Until 1870 an old mill stood in the centre of the bridge.

(2) This view shows the *old bridge* after destruction of the picturesque mill by the German army in 1870.

(5) The *Rue National* or main street.

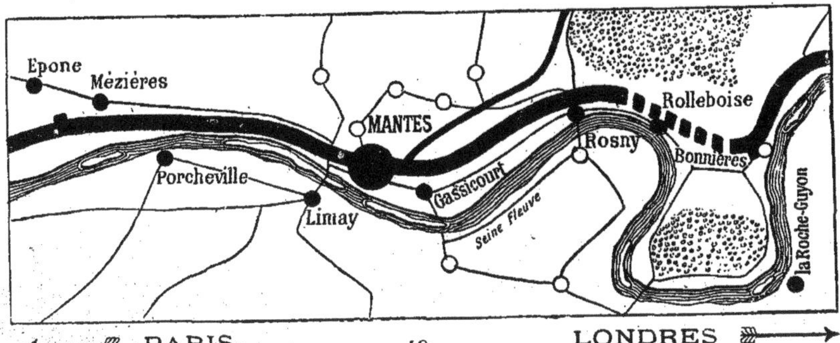

A. Sauvert

Maison de Gabrielle d'Estrées, favorite d'Henry IV, et dont il ne reste plus qu'un bout de façade et la porte. Le percement d'une rue a supprimé presque entièrement le charmant petit hôtel où Henry IV avait l'habitude d'aller jouer à la paume et prendre ses ébats.

(2) *Tour de St-Maclou*, restes d'une église du xie siècle, plusieurs fois détruite et reconstruite, enfin démolie en 1792. La pioche allait aussi attaquer la tour, quand le conventionnel Paulin Crassou, ami des arts, parvint à la sauver de la ruine. On peut citer cette tour comme une œuvre de bon goût.

(3) *Eglise de Gassicourt* (intérieur) des xie et xiiie siècles. Stalles du xve siècle où le ciseau de l'artiste a jeté à profusion et sans se répéter, les plus délicates décorations. Malheureusement un badigeon imbécile recouvre en partie des fresques d'un goût exquis.

(4) *Église de Rosny*, de construction toute moderne est due à la générosité du bienfaiteur du pays qui en a supporté tous les frais.

(5) *Château de Rosny*, bâti par Sully sur l'emplacement du Donjon des Mauvoisin, détruit par les Anglais en 1435. Malheureusement la mort de Henry IV découragea son ministre qui en arrêta la construction.

The doorway and portion of the facade of the *house of Gabrielle d'Estrées*. These are the only parts which street improvements have left of a bijou mansion to which Henri IV was wont to retire for rest and recreation.

(2) *Tower of the church of St-Maclou*, in the gothic renaissance style. The church to which it belonged was finally demolished in 1792 and the fine tower only saved for posterity through the efforts of Paulin Crassou, a member of the Convention, but also a good patron of the arts.

(3) *The church of Gassicourt*, near Mantes, is a remarkable 11th to 13th century building. The principal portal is adorned with a mass of most curious and grotesque sculpture. The pillars of the nave are monoliths and the 15th century stalls are decorated with original and intricate carving.

(4) The next village we pass is *Rosny* the fine *church* of which is a modern erection.

(5) *The Chateau de Rosny* was erected by Sully on the site of the castle of Mauvoisin which had stood there since early in the eleventh century and was destroyed by the English in 1435. It was rebuilt by the duchess de Berry about 1826 and is now the property of the Lebaudy famliy.

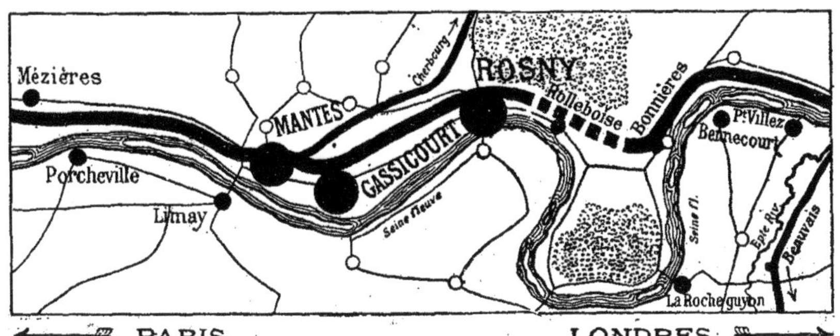

A. Sauvert

La *Chapelle de l'Ermitage*, à côté de Limay, se trouve dans une grotte qui autrefois servait de repaires à des écumeurs de rivière ; à la fin ils furent pris et pendus par ordre de Charles V ; un ermite prit possession de ce refuge qu'il transforma en chapelle.

(2) *Rolleboise*, au bord de la Seine perché sur un rocher; autrefois vrai nid d'aigle, habité par les fameux bandits des Grandes Compagnies. — Duguesclin finit par en débarasser le pays en les entraînant en Espagne.

(3) *Menhir à Chantemelle*, probablement le tombeau de quelques chefs gaulois ; aujourd'hui servant de siège aux bergers et de point de ralliement à ses moutons.

(4) *Donjon de Laroche-Guyon*. D'après Viollet-le-Duc, l'emplacement fut choisi avec un art consommé ; —bâti par les seigneurs de Guy, démantelé par Henri V, roi d'Angleterre. — Le dernier des Guy périt à la bataille d'Azincourt. — Le victorieux comte d'Enghien y mourut au retour de Cérisoles. — On voit encore dans le donjon la chambre à coucher de Henry IV.

(5) Au pied de la falaise est un autre *château* du xvᵉ siècle ; c'est là que Larochefoucauld écrivit ses maximes et où St-Nicaise célébra les Sts-Mystères ; des souterrains faisaient communiquer le château au donjon.

The line to Rouen and Dieppe now passes through the tunnel of Rolleboise, over a mile in length. Close at hand near Limay is the *chapel of the Hermitage* which was formerly a cave and the hiding place of a noted band of river pirates. The robbers were captured and hung by order of Charles V after which the cavern became the sanctuary of a noted hermit who turned it into a chapel.

(2) *The village of Rolleboise* is pleasantly situated on a rocky plateau on the borders of the Seine. It was once the head-quarters of a fierce horde of bandits which was finally dispersed by the noted general Duguesclin.

(3) On the plain in the neighbourhood stands the isolated druidical monument or *Menhir of Chantemelle.*

(4) *The Castle of Laroche-Guyon* was erected on a rock commanding the surrounding country by one of the Lords of Guy, the last of whom was killed at the battle of Agincourt.

It was dismantled by Henry V of England.

(5) At the foot of the rocky cliff stand the ruins of a *strong castle* of later date, about 15ᵗʰ century. Here St-Nicaise celebrated the Holy Mysteries and Rochefoucauld wrote his Maxims.

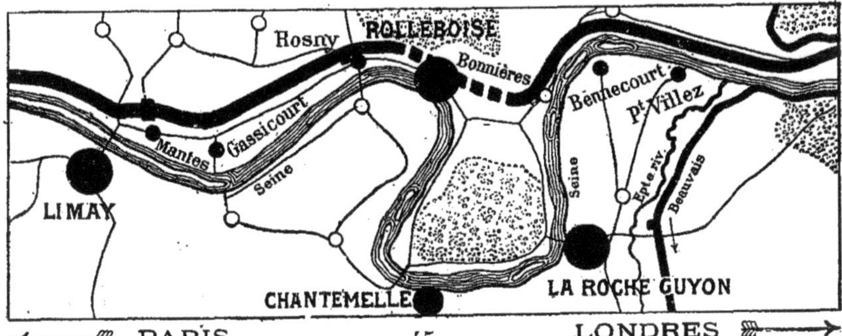

Le *Mesnil-Regnard*, dont dépendait Bonières avant la Révolution était au moyen-âge un château-fort anglais. Duguesclin le prit et le rasa. Il ne reste plus aujourd'hui qu'une tour du xe siècle entourée d'un large fossé et contre laquelle est venu s'abriter une ferme bâtie sur pilotis d'un effet très pittoresque.

(2) *Bennecourt*, de l'autre côté de la rivière sert de point de garage aux bateaux allant de Rouen à Paris.

(3) *Port-Villez*, point où les bateaux sont éclusés pour éviter le courant du grand bras de la rivière. La ville s'est mise sous la protection de Notre-Dame-du-Lis, qui d'après la légende, apparut en cet endroit dans le calice d'une fleur.

(4) *Entrée de Vernon*, du côté de la gare. Le château fort, bâti au xe siècle par les Anglais qui construisirent aussi le donjon, fut pris et défendu par Philippe-Auguste vaincu, contre Richard Cœur-de-Lion ; après avoir passé plusieurs fois entre les mains des ducs de Normandie, la ville de Vernon fut définitivement réunie à la France par le fils de Philippe-Auguste.
La Tour des Archives est le seul vestige qui reste aujourd'hui des anciennes fortifications.

At the quaint little town of Bonières are the ruins of the castle of *Mesnil-Regnard*, a strong fortresss built by the English in the middles ages. It was ultimately besieged by Duguesclin and, after being captured, was dismantled. The remains now principally consist of a 10th century tower surrounded by a deep moat.

(2) *Bennecourt* on the opposite side of the river is a calling place for the barges and boats running between Rouen and Paris.

(3) *At Port-Villez* is placed one of the many large locks erected to improve the navigation of the Seine. The village is under the patronage of Notre-Dame-du-Lis, who, according to the legend, appeared there surrounded by lilies.

(4) The *entrance* to the town of *Vernon* as seen on leaving the Railway station. The town was formerly strongly fortified as a protection for the northern frontier of the Duchy of Normandy but the Tour des Archives is the only portion of the fortifications now standing. In 1080 it was taken by Philip I but again fell into the hands of the English in the reign of Henry I. It was eventually annexed to France by Philippe-Auguste.

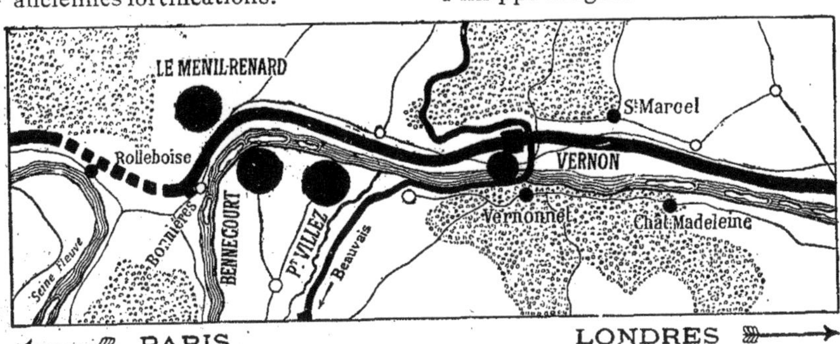

La Cathédrale de Vernon. Le chœur est du xiii⁰ siècle et provient de la Chartreuse de Gaillon, la nef est du xvi⁰. Elle fut saccagée par la Révolution qui cependant protégea le mausolée de Marie-Maignard la femme du premier président de la cour de Normandie.

(2) *Monument* érigé à la mémoire des mobiles de l'Ardèche qui défendirent *Vernon* contre les Prussiens en 1870, et leur firent éprouver de grandes pertes dans la forêt de Bizy. Ce monument fait l'objet tous les ans, d'un pélerinage patriotique le jour anniversaire de cette bataille.

(3) *Eglise de Vernonet* de l'autre côté de la rivière a été construite de nos jours, ses lignes sont très gracieuses et très pures de style.

(4) *Donjon de Vernonet* du xii⁰ siècle, resté intact mais malheureusement enclavé dans des usines qui en détruisent l'effet. Un vieux pont chargé d'antiques masures d'un effet très pittoresque y donne accès.

The Church of Notre-Dame, Vernon, is in various styles of architecture ranging from the 13th to the 15th century. It contains a fine tomb of Marie-Maignard, who died in 1610, several monuments and some remarkable ancient tapestry.

(2) *Vernon* was the scene of a gallant struggle during the war of 1870 and the inhabitants have erected a *monument* in memory of the Gardes Mobiles of Ardèche who fell in an engagement with the Germans in the neighbouring forest of Bizy.

(3) On the other side of the Seine and connected by an ancient stone bridge is the little town of *Vernonet.* The church shown in our view is modern but is in a very chaste style of architecture.

(4) *The Castle of Vernonet* dates from the 12th century and remains in a comparatively perfect condition. Unfortunately the view is somewhat marred by the adjacent factories but still presents many features attractive to the artist.

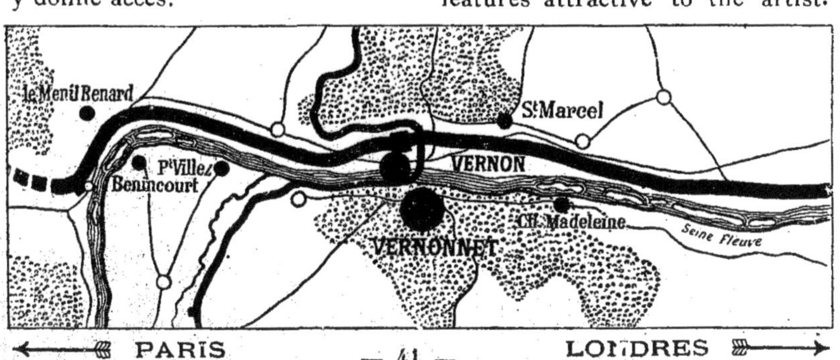

A.Sauvert

S*t Marcel*, à côté du château de Bézy, jadis un des plus beaux de Normandie.

(2) *Château de la Madeleine*, berceau de la famille de Casimir Delavigne qui y composa ses principaux chefs-d'œuvre; ce château lui fut enlevé vers la fin de ses jours, il ne put s'en consoler et mourut de chagrin.

(3) *Pont de Courcelles*, jeté sur la Seine, faisant communiquer Gaillon aux Andelys.

(4) *Portique du château de Gaillon*, reste d'un magnifique palais construit au xvie siècle par le cardinal Georges d'Ambroise, vraie merveille de goût, détruit presque complètement sous la révolution. Son portique resté intact a été transporté à Paris dans la cour des Beaux-Arts.

(5) *Château-Gaillard, clef* de la Normandie fut bâti par Richard-Cœur-de-Lion, " C'était un poignard ", disait-il sur le cœur de la France; fut emporté d'assaut par Philippe-Auguste et la Normandie fut le prix de cette victoire.

Marguerite de Bourgogne et sa belle-sœur Blanche accusées d'adultère, y furent étranglées par ordre de Louis le Hutin, 1315.

David Bruce, roi d'Ecosse, vint y séjourner; enfin Henry IV craignant que cette forteresse ne tombât encore entre les mains des anglais, la fit raser.

S*t Marcel* is a small village on the left after leaving Vernon. Near here are the ruins of the Château de Bézy one of the finest residences in Normandy.

(2) *The Château de la Madeleine* was the property and home of Casimir Delavigne and there he wrote his principal works.

(3) A noble stone *bridge* **over** the Seine at *Courcelles* connects the town of Gaillon with Les Andelys.

(4) *The entrance gateway to the Château de Gaillon* was all that remained of a magnificent palace erected here in the 16th century by Cardinal George d'Ambroise. It has been taken down and re-erected in the courtyard of the Ecole des Beaux-Arts of Paris.

(5) *The Castle of Gaillard* was erected by Richard-Cœur-de-Lion who described it as a " dagger in the heart of France ". It was successfully stormed by Philippe-Auguste and has been the scene of many tragedies. Marguerite de Bourgogne and her sister-in-law Blanche were strangled here by order of Louis le Hutin in 1315 and David Bruce, king of Scotland, lived here in exile. Henry IV, in order to **guard** against the possibility of **this** strong fortress again falling **into** the hands of the English, disman-tled it in 1603.

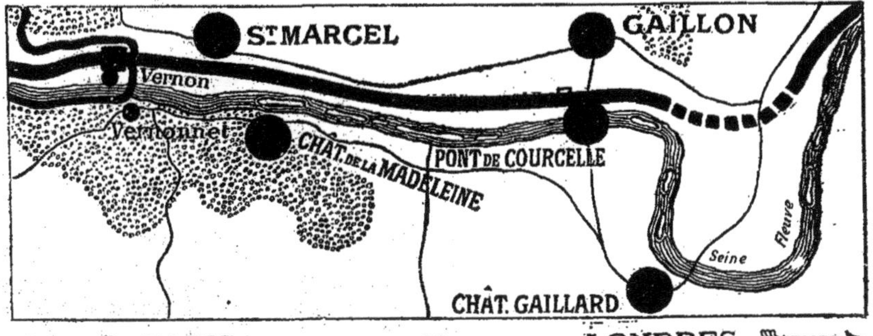

A. Sauvert

Les *Andelys*, — furent incendiés complètement par les Anglais vers 1170 ; Louis VIII, vaincu s'y refugia vers cette époque. Antoine de Bourbon, roi de Navarre, père de Henry IV, blessé mortellement au siège de Rouen, vint y rendre le dernier soupir. Patrie de Nicolas Poussin et de l'ingénieur Brunel le constructeur du tunnel sous la Tamise.

(2) *Pont métallique à St-Pierre du Vouvray*, d'une grande élégance, nouvellement construit. Près de là, la rivière l'Eure cotoie la voie pour aller se jeter dans la Seine à Pont-de-l'Arche.

(3) *St-Cyr-du-Vaudreuil*, à côté Notre-Dame-du-Vaudreuil, dans un parc magnifique.

(4) *Alizay*. — Eglise remarquable du xiiie siècle.

(5) *Pont-de-l'Arche*. — Le flux commence déjà à se faire sentir dans la Seine. Vieux pont avec chambre de guetteur construit par Charles-le-Chauve en 860, qui en outre entoura la ville de murailles. Charles VII habita cette cité. C'est la première ville de Normandie qui fit sa soumission à Henry IV. Eglise gothique inachevée.

(6) *Igoville*. — Eglise du xiiie siècle. Le château d'Igoville se trouve à gauche de l'église.

In the distance, on the other side of the river to which we are travelling, we catch a glimpse of the village of *Les Andelys*. In 1170, after his defeat, Louis VIII took refuge here and shortly after the place was almost totally destroyed by fire by the English.

Les Andelys was the birth place of Nicholas Poussin and of Brunel the persevering engineer who constructed the first tunnel under the Thames,

(2) *At St-Pierre-de-Vouvray* may be noticed a fine piece of engineering work in the form of a girder and lattice bridge over the Seine

(3) In a charming pastoral country is the village of *St Cyr-du-Vaudreuil* close to which is the equally pleasant village of Notre-Dame-du-Vaudreuil.

(4) The village of *Alizay*, a little farther on, possesses a remarkable 13th century church.

(5) *At Pont-de-l'Arche* the tide loses its effect upon the upper waters of the Seine which is crossed here by an ancient bridge of stone furnished with a look-out tower erected in the 9th century by Charles-le-Chauve.

(6) *Igoville*, on the other bank of the river has a fine 13th century church and the remains of an old castle.

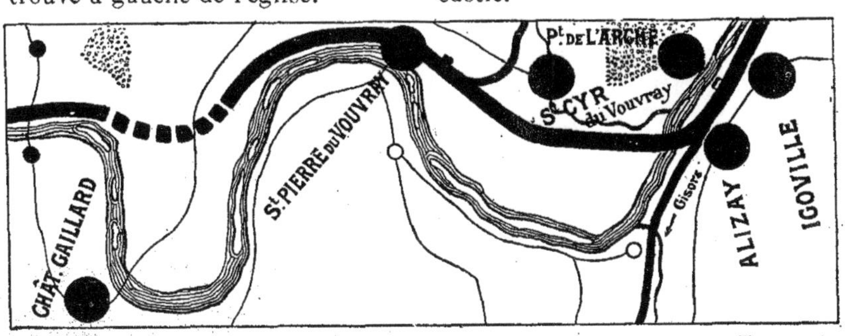

La ligne ferrée côtoie la célèbre forêt du Rouvray. Guillaume-le-Conquérant chassait dans cette forêt, lorsqu'il apprit la mort d'Edouard, roi d'Angleterre et résolut aussitôt de s'emparer par la force, du trône d'Harold.

(1) *Oissel.* Ce sont les îles qui sont en face d'Oissel, qui servirent de point de débarquement aux premiers pirates normands.

(2) *Eglise Saint-Ouen*, édifiée en 1318. C'est une merveille d'architecture. Son jubé a été mutilé par les Calvinistes et ses stalles en bois richement sculptées ont été volées. Talbot, l'ennemi de Jeanne d'Arc, qui l'insulta dans son procès, y est enterré. Jacques II y fit un pèlerinage en 1689.

(3) *La cathédrale* commencée par Jean-sans-Terre en 1200, n'a pas d'unité de style; la tour nord dite Tour Saint-Romain, date de Guillaume-le-Conquérant; la flèche, admirable morceau d'architecture, fut détruite par la foudre et reconstruite en fonte en 1822. Y sont enterrés : Rollon, premier duc de Normandie; Georges d'Amboise; Louis de Brézé, dont le tombeau est dû au ciseau de Jean Goujon; Pierre de Brézé. On y remarque aussi la statue de Richard-Cœur-de-Lion.

After crossing the Seine, on our left we see the little town of *Oissel*, then the railway passes for some distance along the borders of the famous forest of Rouvray.

(2) We soon obtain some charming peeps of Rouen the most important town in this part of France, and the first objects which will probably fix our attention will be the towers of the Cathedral and of the hardly less important *church of Saint-Ouen*. **(2)** The existing church of Saint-Ouen was commenced in 1318 by the abbé Jean Roussel, on the site of a still more ancient edifice. Its style is principally gothic of the most ornate description, and its exterior has been described by Ruskin as the most perfect specimen of that style of architecture in the world.

(3) *The Cathedral of Notre-Dame* was commenced in 1200 and is one of the finest Gothic structures for which Normandy is so famous. Of the two western towers, that on the south side, built in the 15 century and called the Butter Tower, is about 240 feet in height. The original central tower was surmounted by a fine stone spire which was destroyed by lightning in 1822 when it was replaced by the present one of cast iron 475 feet in height. The choir contains the tomb of Richard-Cœur-de-Lion.

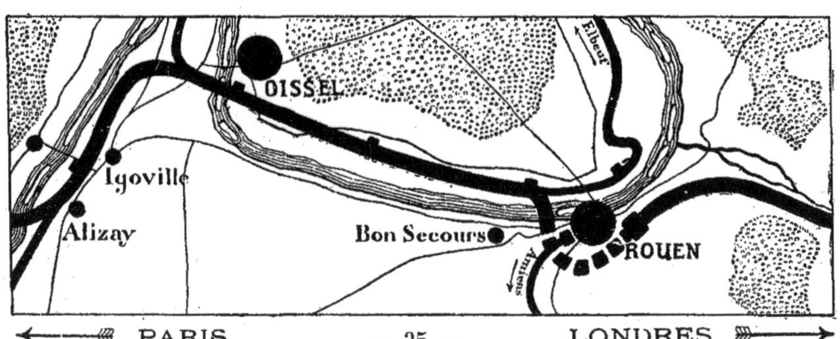

③
①
②
A. Sauvert

Avant d'arriver à Rouen, nous admirons sur notre droite le côteau de *Bon Secours*, (1) dont la crête est couronnée par la cathédrale de ce nom et par le monument de Jeanne d'Arc. Un funiculaire facilite l'accès du plateau aux pélerins.

(2) *Tour Jeanne d'Arc,* reste d'un vieux donjon faisant partie d'un château-fort bâti sous Philippe-Auguste. C'est dans cette tour que l'héroïne fut enfermée et où elle entendit son arrêt de mort.

(3) *Monument* érigé à la mémoire *de Jeanne d'Arc* sur le coteau de Bon-Secours par Mgr Thomas, sur les dessins de M. Lisch. Il se compose d'un dôme surmonté de la statue de saint Michel et dans lequel est dressé la statue de Jeanne. Deux autres dômes de moindre importance renferment les statues de sainte Catherine et de sainte Marguerite, les deux protectrices qui ordonnèrent à l'héroïne de courir à la délivrance de la patrie.

Just before the railway enters Rouen we have a good view, on our right, of the elevated plateau of *Bon-Secours* with its church, monuments and funicular railway.

(2) Near the principal station of Rouen, is the *Tour Jeanne d'Arc.* This tower which is the only portion remaining of the old castle of Rouen is said to have been the prison whence Joan of Arc went to meet her cruel death in the market place of the town.

(3) On the heights of Bon-Secours, overlooking the town of Rouen, a noble *monument to the Maid of Orléans* has within the last few years been erected. The building is in the renaissance style, the dome which covers the statue of Joan of Arc being surmounted by a gilded bronze figure of St Michael while statues of SS. Catherine and Marguerite, who were the instruments in prompting Joan to assist her country in its time of distress, also occupy prominent positions.

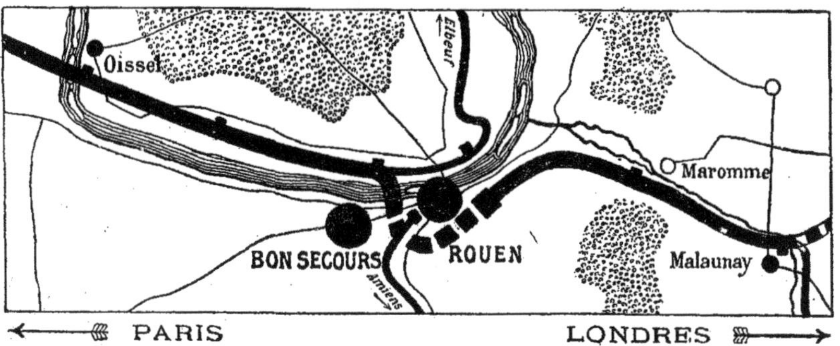

Sortie du tunnel de 1.500^m de longueur passant sous le boulevard Beauvoisine et donnant accès à la gare de Rouen. Il est à remarquer que cette gare, comprise entre deux tunnels est à demi-souterraine.

(2) *L'Eglise de Bon-Secours*, de construction moderne, a été commencée en 1840; c'est M. Barthélemy qui en a été l'architecte. Le style du monument est ogival; c'est une copie assez fade des monuments religieux de la ville qui, d'ailleurs l'écrasent du poids de leur beauté. L'intérieur est d'une richesse incomparable, trop riche peut-être, car la partie artistique est étouffée sous l'amas des dorures. Ce sont les offrandes des pèlerins qui ont permis de construire cet édifice.

(3) *Vue générale de Rouen.* Rien de plus émouvant que l'ensemble de cette ville, observée des hauteurs de Bon-Secours. Le coup d'œil est vraiment féerique. Les flèches finement ciselées de ses nombreuses cathédrales surgissant d'une mer de maisons bizarres, son fleuve, vraie forêt de mâts et de cordages, baignant le pied de ses coteaux, le cadre de verdure des crêtes et sur tout cela un coup de soleil de juillet, donne au spectateur le sentiment d'une cité des mille et une nuits.

Before we arrive at the Gare rive droite, where our train stops, we pass through a *long tunnel* under the boulevard Beauvoisine, and after resuming our journey towards Dieppe pass through a similar tunnel, the station being situated between the two.

(2) *The church of Bon-Secours*, before referred to, is a comparatively modern erection on the site of an ancient pilgrimage chapel. It was erected by the architect Barthélemy, in a richly decorated gothic style which however compares somewhat unfavourably with the more ancient edifices in the town itself. The interior is a mass of colour and gilding.

(3) From the heights of Bon-Secours, as also from the railway, we have a splendid *birds'eye view* of the grand city of *Rouen*, the capital and pride of Normandy. The river Seine, dotted here and there with islands, and crossed by massive bridges, divides the picture into two parts. On the right we see the more ancient part of the town from which rise the numerous graceful towers and spires of its many ecclesiastical and civil buildings. On the other side of the river lies the more modern and industrial quarter, whilst the distance is bounded by an almost complete amphitheatre of verdant forests.

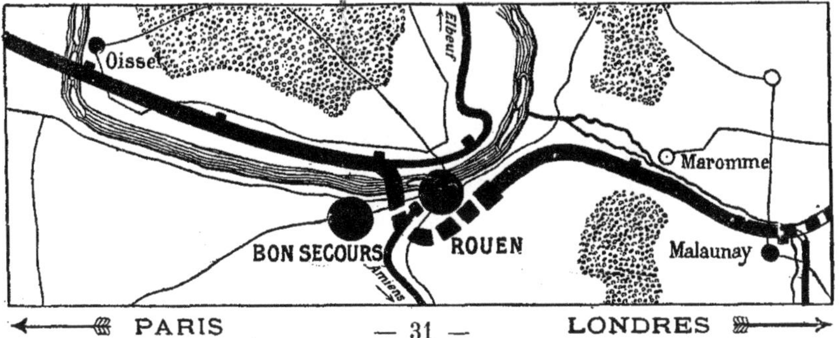

A. Sauvert

[illegible caption]

Vallée de Malaunay, arrosée par la rivière de Cailly, que le chemin de fer franchit sur un viaduc de 30 mètres de hauteur.

Cette vallée est surtout admirable au printemps etses pommiers en fleurs en font un vrai décor de théâtre.

(2) *La vallée de l'Austreberte*, prise du viaduc de Barentin, ne le cède en rien à celle de Malaunay, et la perspective de sa petite rivière piquée d'innombrables moulins, est bien faite pour tenter le pinceau de l'artiste.

(3) *Le viaduc de Barentin*, qui franchit l'Austreberte et que nous laissons sur notre gauche est construit en briques et mesure 33ᵐ de hauteur. On jouit du haut de son parapet, d'un coup d'œil magnifique des deux côtés de la vallée.

(4) *Pavilly*, charmante petite ville toute ramassée dans son nid de verdure et qu'arrose l'Austreberte. Elle possède d'innombrables moulins et se dit fière de·son ancien château féodal. L'église renferme le tombeau de Catherine de Dreux, 1ʳᵉ femme du marquis de De-Brézé, le malheureux mari de Diane de Poitiers; à côté de Pavilly se trouve le Mesnil, manoir où mourut Agnès Sorel pendant que son royal amant Charles VII assiégeait Caudebec.

On leaving Rouen the train passes through a long tunnel on emerging from which we have, on the left, a fresh view of the Seine below Rouen and are soon carried by a lofty viaduct, upwards of 100 feet in height, over the valley of the Cailly. Below on our right is the large industrial village of Malaunay and if by chance we are travelling in the spring when the apple and pear trees are in blossom the scene, looking up the *valley*, is not one soon forgotten. The main line here branches off, that on the left leading to Havre.

(2) *The valley of Austreberte* as seen from the viaduct of Barentin.

(3) *The viaduct of Barentin* upwards of 100 feet in height.

(4) View of the little *town of Pavilly* on the river Austreberte. The church contains the tomb of Catherine de Dreux, the first wife of the marquis of De-Brézé. Near Pavilly is the manor of Mesnil, where died Agnès Sorel.

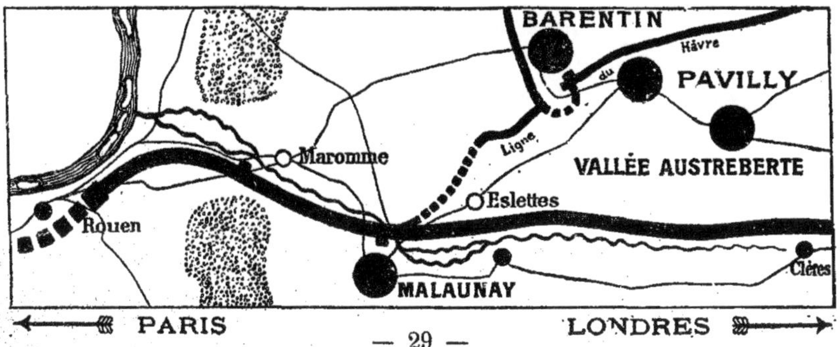

Monville. Joli séjour sur un tapis de verdure située au confluent de la Cailly et de la Clères. Son église possède un chœur remarquable du xvie siècle et d'anciens vitraux très estimés.

(2) *Clères.* La vallée est toujours charmante et encadré fort bien le château des xve et xvie siècles que l'on voit perché sur son coteau. Ce monument de style gothique, pavé en mosaïque avec chapelle seigneurale du xviie siècle, a été restauré par le comte de Béarn. Dans le parc, se trouvent les ruines d'un château-fort.

(3) *Saint-Victor-l'Abbaye.* L'église est construite en partie sur les restes d'une célèbre abbaye du xiie et xiiie siècles; elle renferme une statue de Guillaume-le-Conquérant. La petite rivière la Scie, prend sa source dans le jardin du chef de gare.

(4) *Saint-Denis-sur-Scie.* Petit hameau dont l'église sans caractère possède cependant un clocher roman. Cimetière autour de l'édifice.

(5) *Auffay.* Eglise historique des xiiie et xive siècles en forme de croix latine ; le chœur est flanqué de deux tourelles d'un très bel effet.

Patrie de Marie Biard, jeune héroïne qui en 1870 maintint au péril de sa vie, en présence de l'ennemi, les communications télégraphiques entre Dieppe et Rouen,

The little *town of Monville* is situated in the midst of a most luxurious country at the confluence of the rivers Cailly and Clères. The church possesses an 11th century tower, a remarkable 16th century choir and some very old stained glass.

(2) We next pass the *village of Clères.* Attached to the parish church is a beautifully restored private chapel and near at hand are the remains of an ancient fortress.

(3) *The Abbey of St - Victor* was founded in the eleventh century and still possesses a statue of William the Conqueror erected in the 13th century. We now leave the valley of the Seine and enter that of the river Scie which rises in the garden of the station of St-Maclou.

(4) The little *village of Saint-Denis-sur-Scie* with a pretty restored Norman church.

(5) *Auffay* is a small industrial town, its church dating from the 13th century. It is the birth place of Marie Biard, a young heroine who during the war of 1870, at the peril of her life, was instrumental, in maintaining for a long time, telegraphic communication between Rouen and Dieppe.

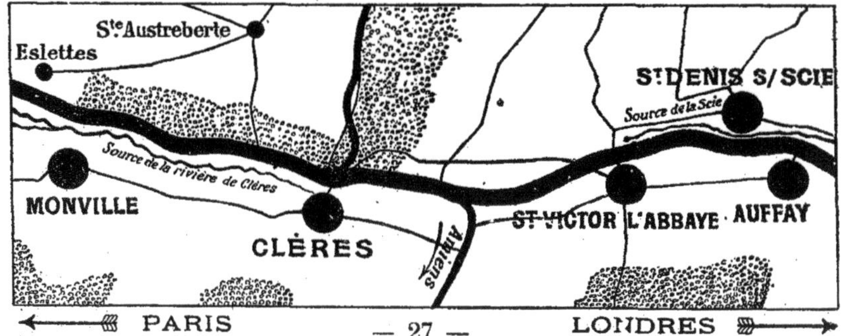

En suivant la vallée de la Scie, nous rencontrons bientôt le joli village de *Longueville*, dont l'élégante *église* arrête nos regards. Cette église date du x1e siècle et fut remaniée au xv1e siècle; elle possède des mosaïques remarquables.

(2) *Le Château de Longueville*, de construction moderne, style Louis XIII, flanqué de poivrières domine le pays.

Non loin de là, se trouvent les ruines de l'ancien manoir du x1e siècle, ayant appartenu à Bertrand Duguesclin et au brave chevalier Dunois, le compagnon d'armes de Jeanne d'Arc.

(3) *L'église de Dénestanville*, bâtie au x11e siècle, a comme toutes celles de la contrée, le caractère des Eglises de campagne anglaises. Elle possède des vitraux remarquables et ses fonts baptismaux datent du xve siècle; comme en Angleterre le cimetière est autour de la paroisse.

(4) *Filature*, au bord de la voie, que nous signalons comme très pitoresque.

(5) *Le vieux moulin de Dénestanville*, dont il ne reste plus que quelques pans de mur, fournissait jadis la farine au manoir de Longueville.

A little lower down the valley of the Scie we come to the village of *Longueville*. The *church* is in various styles, ranging from the 11th to the 15th century, and possesses some remarkable mosaic pavement.

(2) *The château of Longueville* which occupies a commanding position is a modern erection in the style of Louis XIII. Near at hand are the ruins of a 12th century priory, once in the possession of Bertrand Duguesclin and afterwards of the Knight Dunois, the companion in arms of Joan of Arc.

(3) *The church of Dénestanville* dates from the 11th century and might easily be mistaken for an English village church of the same period. The 15th century font and the old stained glass should be noticed.

(4) *A Cotton spinning mill* near Dénestanville, a type of many which are to be noticed near the towns and villages through which we have passed.

(5) Hard by are the remains of a different type of mill, those of the *old mill of Dénestanville*, being a portion of an old water mill that at one time ground the flour for the inhabitants of the adjoining manor of Longueville.

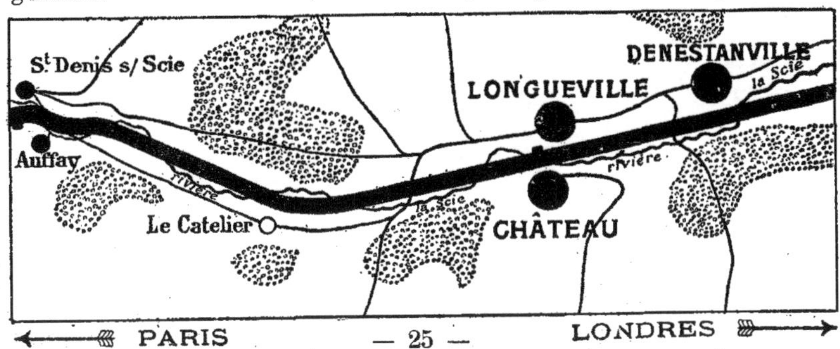

Le château d'Arques, situé sur un promontoire, date du XIe siècle; bâti par Guillaume d'Arques, oncle paternel de Guillaume-le-Conquérant, qui le prit à son parent pour le punir de sa trahison. Après avoir passé bon nombre de fois entre les mains des Anglais et des Français, il fut définitivement réuni à la couronne de France par Henri IV qui joua le même jour, sa vie et sa couronne sous ses murs.

(2) Le *port de Dieppe* est un port de pêche et de commerce de premier ordre; 6 phares et 2 sémaphores facilitent son entrée. Les trains arrivent de Paris à quai dans la gare maritime qui est en relation intime avec Newhaven.

(3) L'*Eglise Saint-Jacques* date du XIIIe siècle et possède un clocher indépendant très bien ciselé mais un peu écrasé. Jean Ango, richissime armateur dieppois, y est inhumé dans une chapelle dont il avait payé les frais de construction. L'église possède encore le tombeau de Guillaume de Longueil, mort à Azincourt.

(4) *Statue de Duquesne.* Né à Dieppe, lieutenant des armées de Louis XIV. Ce monument a été exécuté par Dantan aîné.

(5) Le *Casino*, bien moderne (1866), est très fréquenté en été par la haute société parisienne.

A little to our right, but hidden by a range of hills, stand the extensive ruins of the *Castle of Arques*. This originally strong fortress was built about the middle of the eleventh century for William the Conqueror by his paternal uncle, William of Arques. It was ultimately dismantled in the 17th century.

(2) The train now enters a short tunnel and soon emerges within sight of *the port* and town of *Dieppe*. The Boat trains traverse the streets of the town and deposit their passengers at the "gare maritime" adjoining the quay whence several passenger and cargo steamers sail daily for Newhaven.

(3) *The Church of St-Jacques* is the principal architectural attraction in Dieppe. It is in the perpendicular style and dates from the 13th century. There are the tombs of Jean Ango, a local benefactor and of William de Longueil who was killed at Agincourt.

(4) In the fine market square stands a *statue of Duquesne*, a native of Dieppe and a celebrated admiral in the time of Louis XIV.

(5) During the sea bathing season Dieppe is the scene of much gaiety and to provide amusements for the fashionable crowds a magnificent *Casino* has been erected on the beach. The Casino is one of the finest in France.

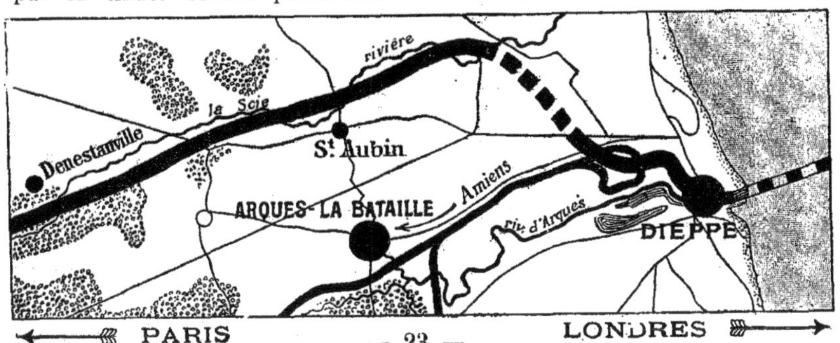

A Sauvert

Le départ pour l'Angleterre s'effectue sur le quai Henri IV, où se trouve amarré un des magnifiques paquebots appartenant aux Compagnies de l'*Ouest* et du *London Brighton and South Coast Railway*, qui font régulièrement le service de jour et de nuit entre Dieppe et Newhaven.

(1) *L'intérieur* des bateaux est très luxueux, d'un confortable raffiné. Admirons en sortant du port la belle plage de Dieppe, son casino et son vieux donjon perché sur la falaise et disons un adieu non éternel à la pointe d'Ailly, qui bientôt s'estompe et disparaît dans la brume des côtes normandes.

(2) Enfin, nous voilà au large. La mer est en humeur, devient houleuse, puis rageuse; nous sommes cependant ses amis inoffensifs. La dame, paraît-il, a ses nerfs ce jour-là. Plusieurs passagers, cuvette en main, en sont, d'ailleurs, ses interprètes bien involontaires.

(3) *L'arrière* du bateau subit aussi les effets de la dame en courroux.

(4) Au bout de plusieurs heures, nous découvrons la côte anglaise, et arrivons à temps à Newhaven, pour saluer le bateau partant pour la France.

(5) Vue du sémaphore et des deux jetées de Newhaven.

Being bound for England, at the gare maritime Dieppe we at once step on board one of the fine *steamships* (4) owned jointly by the Western of France and London, Brighton and South Coast Railway Companies which sail several times daily.

The powerful engines will then be put at full speed and soon we shall be clear of the harbour and out on the open sea. (2 and 3) After a parting glance at the picturesque town and charming Casino we can descend into the sumptuously furnished *Dining Saloon* (1) where we can refresh ourselves with a hot or cold table d'hôte luncheon. When we return on deck, if so minded, we shall probably find that the shores of "la belle France" have faded from sight and nothing but the broad sea, dotted perhaps with a few fishing boats, meets our view. We then pass a sister ship ploughing her way to Dieppe, with whom we exchange nautical salutes and, after about two hours rapid steaming, the white cliffs of Albion will begin to peep above the horizon and soon we shall pass the head of the massive Newhaven breakwater (I, page 46). After passing between the piers (5), in a trifle over three hours from the time of leaving Dieppe our good ship will be moored alongside the busy quay.

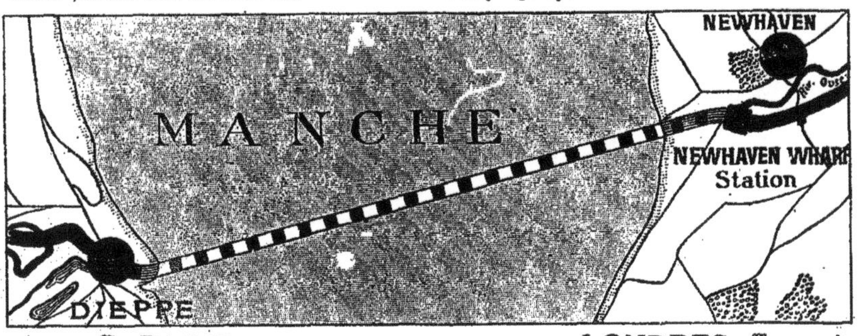

A. Sauvert

Newhaven doit son existence à une terrible tempête, qui en 1570, transporta dans une nuit l'embouchure de l'Ouse, de Seaford aux pieds de Barrow-Head. La ville est de petite importance et ne compte que quelques milliers d'habitants.

(1) *Le fort de Newhaven* est bâti sur la crête de la falaise et défend l'entrée du port qu'il domine ; les batteries sont souterraines et les pièces manœuvrées par des vérins. Non loin de là, se trouve sur le plateau, une petite chapelle de l'époque de la conquête normande.

(2) *Le cimetière de Newhaven* se trouve comme beaucoup de cimetières normands, autour de l'église ; la croix latine fait ici défaut sur les dalles funéraires.

Du môle de Newhaven, on aperçoit la jolie petite plage de Seaford avec sa belle promenade du bord de l'eau, très fréquentée par la bourgeoisie londonnienne.

(3) et (4) Nous quittons Newhaven pour Lewes.

Le paysage triste et pelé des dunes, disparaît bientôt pour faire place à une campagne verdoyante rappelant la Normandie, et alimentant des troupeaux innombrables de bêtes à cornes et de chevaux.

The town of Newhaven is of little importance but, as a port, it has of late years made gigantic strides. It owes the existence of its harbour to a severe storm which, in 1570, diverted the mouth of the river Ouse from its former outlet near Seaford to its present position under the cliffs of Barrow Head. Seaford bay and the harbour of Newhaven are defended by a strong *fort* (1) on the summit of the cliff.

On a hill above the town of Newhaven stands the *Parish Church of St Michael* (2), The tower and principal portion are Norman but the curious little apsidal chancel is supposed to be of Saxon origin.

After leaving the busy wharves of Newhaven the railway for some distance passes up the *marshy valley of the Ouse* (3 and 4), destined, no doubt, at no distant date to be converted into extensive docks. Several quaint little villages will be noticed each with its typical ancient church.

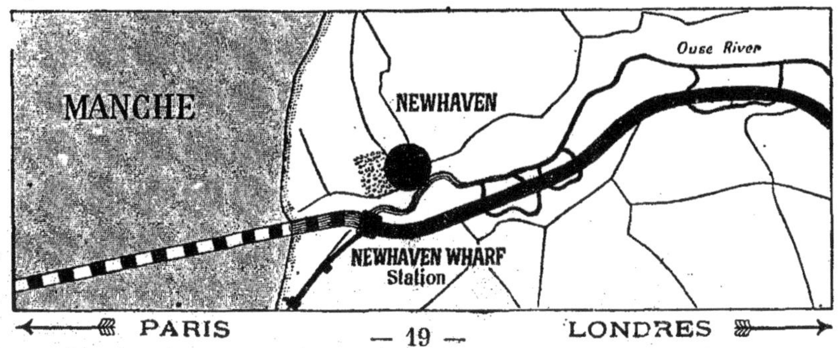

Lewes. Ancienne ville datant du XIIᵉ siècle, est admirablement bâtie en amphithéâtre aux flancs d'une colline que couronne un vieux donjon couvert de lierre. (4)

Non loin de Lewes se trouve le Mont-Harry, où eût lieu le 14 mai 1264, la terrible bataille de Lewes gagnée par Simon de Montford sur Henri III.

(3) *Ruines du château de Lewes.* Cette forteresse fut fondée au XIᵉ siècle par Guillaume de Varenne, gendre de Guillaume-le-Conquérant. Γ̣ ̣as le lointain se profile la silhouette des ruines du prieuré de Saint-Pancrace, également fondé par Guillaume de Varenne.

(1) *La porte du château* à laquelle aboutit High-Street est très bien conservée ; de style ogival flanquée de poivrières et couronnée de machicoulis très gracieux.

(2) *La Courtine,* est percée d'une porte à bassages et au milieu de la cour se trouve les ruines du donjon, pittoresquement drapées de lierre.

(6) *La Southover-Eglise* où sont inhumés Guillaume de Varenne et sa femme, date du XVIᵉ siècle. Elle est adossée à une tour moussue du XIᵉ siècle, dont l'ombre épaisse semble couvrir d'un drap sinistre les tombeaux d'alentour.

(5) *Gare de Lewes* et vue de la ville dans le lointain.

Our train soon approaches the important *railway junction of Lewes* (5), which ancient town occupies a picturesque position on a slope of the *South Downs* (4). It is the county town of Sussex and was a place of some importance even in Saxon times. On a hill above the town the important battle of Lewes was gained by the great Earl of Leicester (Simon de Montfort) over Henry III in 1264.

Lewes Castle was erected soon after the Conquest by William de Varrenne, son-in-law of the Conqueror. The Castle stands on a commanding hill above the town. The outer *gateway* (1) leading from the High Street still stands as an example of the thoroughness with which the medieval builders carried out their work. Passing under the massive archway we enter the *inner court* (2) where are the ruins of the keep picturesquely covered with ivy.

A very short distance from the town are the extensive ruins of *the Priory of St Pancras* (3), also founded by William de Varrenne and where he, together with his wife Gundrada, the daughter of the Conqueror, were subsequently buried. Their remains now rest in an elegant chapel adjoining the neighbouring church of *St John Southover* (6).

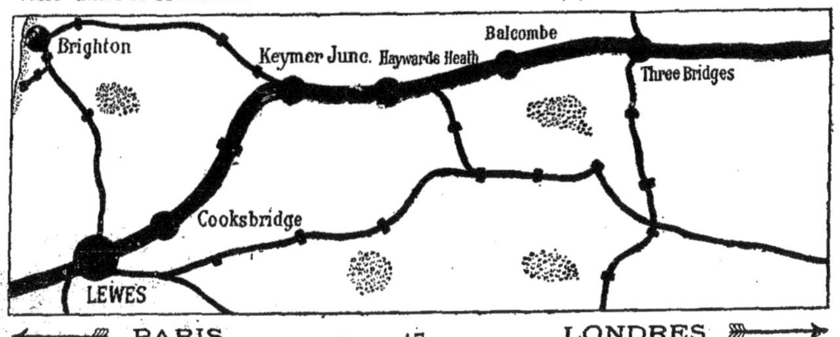

Avant de continuer notre route, consacrons une planche à Eastbourne. C'est la princesse Alice de Hesse qui fit la renommée et la fortune d'Eastbourne en 1878.

Cette ville jouit d'un climat convenant beaucoup aux malades, et qui en fait à la fois une station d'été et d'hiver.

(1) *La Marine-parade*, une des plus belles promenades d'Eastbourne, s'étend de la Redoubt à Wishtower. L'épaisseur des murs est à certains endroits énorme afin de résister aux violents coups de mer, qui souvent viennent s'y briser. (2) *Le Pear*, est une jetée magnifique qui s'avance à plus de 300 mètres dans la mer.

(3) *Hurstmonceux Castle* tel qu'il était autrefois. Bâti au xvᵉ siècle par sir Roger de Fiennes, d'origine normande. Ce château est d'une architecture moitié militaire, moitié civile. En effet, à cette époque, les seigneurs attirés par la cour d'Henri VIII, abandonnèrent leur Donjon. Les mœurs de militaires deviennent civiles et l'architecture subit la même évolution.

(4) Ruines actuelles de Hurstmonceux Castle.

(5) *Beachy-head*. Cap terrible, redouté par les navigateurs.

Non loin d'Eastbourne se trouve Pevensey, où débarqua pour la première fois, en septembre 1066, Guillaume le Conquérant

Before proceeding either direct to London or to Brighton, we will take a shorp trip to the eastward and pay a visit to the aristocratic *watering place of Eastbourne* (1 and 2) lying under the shadow of the frowning headland of *Beachy Head* (5) which towers some 580 feet above the sea. The principal portion of Eastbourne is modern and the town having been laid out with extreme care is one of the cleanest and healthiest watering places on the South Coast.

A few miles from Eastbourne are to be found the stately medieval remains of *Hurstmonceux Castle* (3 and 4) a specious red brick erection constructed during the fifteenth century by Sir Roger de Fiennes. Hurtsmonceux is one of the most interesting specimens of domestic feudal architecture remaining in England.

Some five miles distant are the town and castle of Pevensey where, in 1066, William Duke of Normandy landed and afterwards possessed himself of the crown of England.

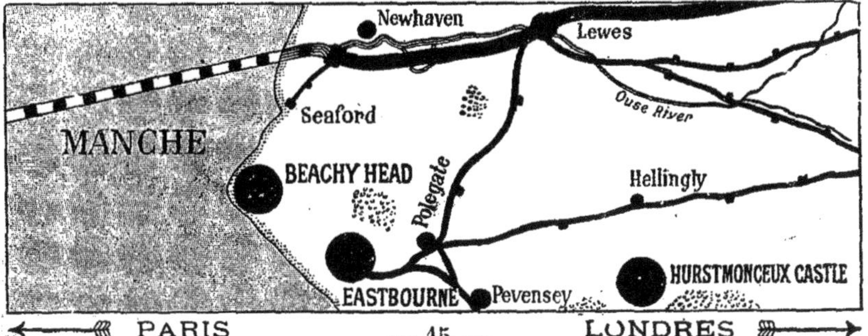

RIGHTON, station balnéaire la plus fréquentée de l'Angleterre, qui attire tous les ans plus de 50,000 baigneurs. La population compte plus de 150,000 âmes. Cette ville, grâce à sa situation, est considérée comme le *Nice* de l'Angleterre. Elle doit son importance à Georges IV (1782).

(**1**) Le *King's road* et la *Marine-parade* forment, par leur ensemble, une promenade de plus d'une lieue de longueur.

(**2**) *Chain-Pier* jetée de 335 m. de longueur, suspendue à des cables métalliques et terminée par une plate-forme, fut construite en 1823; elle a été emportée par la terrible tempête d'octobre 1896.

(**3**) Les bains enfantins sont très curieux à observer et l'on ne se lasse point de voir grouiller tout ce petit monde-là.

(**4**) L'*Aquarium*, la principale curiosité de Brighton, renferme plus de 40 bassins d'eau douce et d'eau salée formant les parois des murs. Le centre est occupé par une salle de concert, un cabinet de lecture, etc., etc.

(**5**) Le *Casino*. Construit en 1866, a la physionomie de celui de Nice. On y fait de la bonne musique et tous les jeux s'y donnent libre carrière. Il est fréquenté, été comme hiver, par le monde des baigneurs ou des malades.

We must now return by train to Lewes and make a detour in the opposite direction so as to visit Brighton, the Queen of English watering places. Although an important fishing village existed here for a considerable period under the name of Brighthelmstone it is only during the present century that Brighton has assumed the position of an important town.

On the *Marine drive* (**1** and **3**), upwards of three miles in length, are situated some of the largest and most luxurious hotels in Europe and the scene here in the Season is one not quickly forgotten.

The new *West-Pier* (**5**) forms a splendid promenade and another is in course of construction near the *Aquarium* (**4**). The old *Chain Pier* (**2**) was one of the first constructions of the kind erected for pleasure purposes and after braving the elements for upwards of 70 years was totally demolished by the force of a gale during the winter of 1896.

Almost daily during the summer months thousands of excursionists are brought to Brighton from London and other inland towns but during the months of October, November and December, when the Brighton season is in full swing, it is the rendez-vous of the *élite* of society.

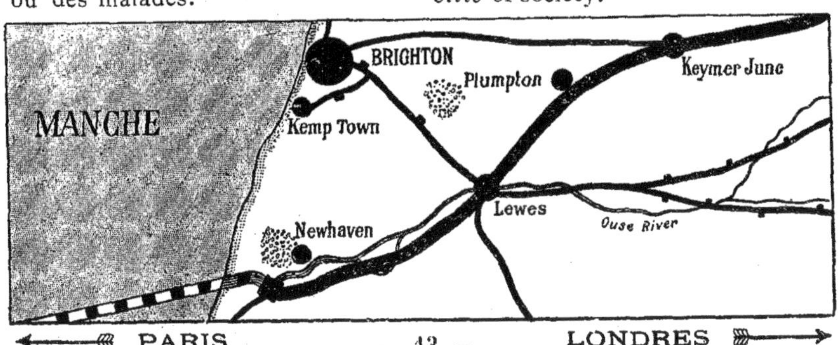

Gardons un bon souvenir de la riante et gracieuse ville de Lewes, et reprenons notre route vers Londres, commodément installé dans une luxueuse voiture Pullman qui bientôt nous conduit à Croydon. Ville très ancienne de 100,000 habitants, desservie journellement par plus de 400 trains. Ses rues sont magnifiques et d'une propreté extraordinaire.

(1) L'*Eglise de Saint-Jean-Baptiste* est de style remarquable; plusieurs archevêques y sont inhumés.

(2) L'*Hôtel-de-Ville*, inauguré en 1896, par S. A. R. le prince de Galles, est de très bon goût. Il est flanqué d'un beffroi d'une facture correcte et grâcieuse.

(3) L'*Eglise congréganiste Ouest* de style ogival fut ouverte au culte en 1886. Son beffroi est indépendant de la nef; un square décore le monument d'une ceinture de verdure.

(4) La *Whitgift Grammar School* fut fondée par l'archevêque Whitgift au XVIIᵉ siècle. Cette école est réputée pour la qualité des maîtres qui y enseignent.

(5) Le *Palais des archevêques*, fut bâti par Guillaume le Conquérant. Les reines Marie et Elisabeth l'habitèrent. Il fut longtemps abandonné à différentes industries, qui le mutilèrent. Plusieurs événements historiques se sont passés dans sa chapelle.

We can now resume our journey to London by taking a seat in one of the luxurious Pullman Vestibule trains which travel thence from Brighton. The railway passes, by a number of tunnels and deep cuttings, through the range of great chalk hills called the South Downs. Then follow some thirty miles of charmingly diversified country and after passing through the North Downs our train pulls up at the important town of Croydon.

Although this place can boast of great antiquity it is only during comparatively recent years that it has become the largest and most populous town in Surrey.

(1) The Parish *Church of St John-the-Baptist* is a large and splendidly restored edifice in the perpendicular style. Croydon for many centuries was one of the principal country places of residence of the Archbishops of Canterbury many of whom are burried in the church.

Adjoining the Church-yard is the *Old Palace of the Archbishops* (5), some portions of which date from 1087 when William the Conqueror presented the Manor of Croydon to Archbishop Lanfranc. The great hall and Chapel which still remain in a good state of preservation have been the scenes of several stirring events in English History.

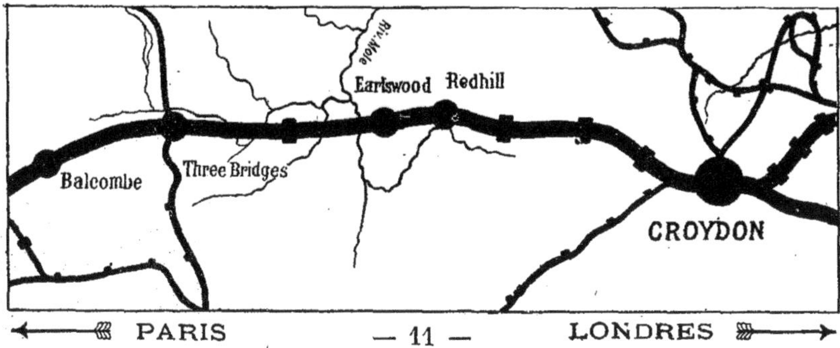

Van Leer Sc
A.Sauvent

London road est remplie de magasins splendides. C'est la grande route de Londres à Brighton.

(2) *Middle Row*. Que nous donnons ici simplement comme détail rétrospectif, est un quartier dont les vieilles maisons dataient du xvie siècle. La pioche a démoli ce paysage autrefois si pittoresque pour faire place aux grandes avenues que nous admirons aujourd'hui.

(3) *Saint-Michael* est une église très élégante, en forme de croix latine munie de trois flèches et entourée de peupliers, ce monument de construction moderne, a été édifié d'après les plans de l'architecte J.-L. Pearson qui en a surveillé lui-même l'exécution.

(4) *Shirley-Church*. Eglise moderne, mais de style moyen-âge. Quantité de tombeaux lui font une ceinture de croix d'un effet émouvant et vraiment poétique. C'est le type de l'église de campagne normande.

(5) *Beddington cottage* sur la rivière la Wandle qui baigne les murs de Croydon et prend sa source dans les environs de cette ville.

A Croydon le train est divisé en deux tronçons, une partie du convoi se dirige sur la gare de Victoria, l'autre partie sur London-Bridge.

In the main street stands the Whitgift Grammar School (4 page 55) founded by Archbishop Whitgift in 1583.

The fine new *Town Hall* (2 page 55) was opened by H. R. H. the Prince of Wales in 1896.

The *West Croydon Congregational Church* (3 page 55) was opened in 1886.

Within the last few years great improvements have been made in the town and the *old buildings* (2) dating probably from the 16th century, have been demolished to make room for a new wide road.

Croydon possesses several fine modern churches. That of *S.S. Michael and All Angels* (3) designed by J. L. Pearson is in a very pure style of early English architecture.

The country around Croydon affords many charming walks and the *Church of Shirley* (4) is a good example of a large English village church. Croydon is situated at the source of the river Wandle, which a short distance from the town developes into a *picturesque stream* (5).

The main road from London to Brighton passes through the town of Croydon (1).

We must now resume our journey to the great city, the train which has brought us from Brighton, or from Newhaven, being divided at Croydon into two parts, one going on to London Bridge and the other to Victoria the West End Station.

Les environs de la capitale n'offrent rien de bien historique. On traverse rapidement une mer de cheminées et de toitures pour stoper bientôt aux quais de London-Bridge.

(1) *Saint-Paul*, copie de Saint-Pierre de Rome, a été construite en 1675, d'après le plan de l'architecte A. Christophe Wren.

Sur son terre-plein se dresse la statue en marbre de la reine Anne, dont le profil et le maintient plein de grâce séduisent le spectateur.

(2) *Picadilly-Circus* au bout de la belle rue de ce nom est décoré d'une fontaine massive érigée à la mémoire de lord Shaftesbury.

(3) *Le pont de la Tour*. Construction gigantesque, de style militaire moyen-âge. Remarquable par le mécanisme de son tablier mobile.

(4) La *Bourse* de style corinthien a été érigée en 1842. Le devant est décoré par la statue équestre de lord Gresham, qui rendit d'immenses services à la patrie.

(5) La *tour de Londres*, forteresse bâtie par Guillaume-le-C. en 1078, est située au bord de la Tamise, Elle servit longtemps de palais et de prison d'état. Aujourd'hui ses sombres murs et ses redoutables créneaux ne renferment plus qu'une collection d'armes remarquables.

If we proceed to London Bridge, on leaving the station and crossing the river we see on our right the new *Tower Bridge* (3). The opening and closing of its enormous bascules are performed by hydraulic power and only occupy a few minutes.

At the foot of the Tower Bridge on the City side, stands the *Tower of London* (5). Tradition states that a fortress was first erected here by Julius Cæsar but the white tower or Keep was certainly built by William the Conqueror since whose time it has been a fortress, a royal residence, a court of justice and a state prison. The crown Jewels are kept there.

We soon reach the *Royal Exchange* and the *Bank of England* (4) and, proceeding westward, reach *St Paul's Cathedral* (1). The present building, in the classic style, was erected in 1673 by Sir Christopher Wren to replace the gothic edifice destroyed in the great fire.

The interior of the Cathedral which, next to St-Peter's at Rome, is the largest in the world, is now being decorated with mosaics in a gorgeous style. After leaving St Paul's we can proceed westward through Fleet street at the end of which, built in a severe gothic style, are the *Royal Courts of Justice* which were completed in 1882 (4 page 61).

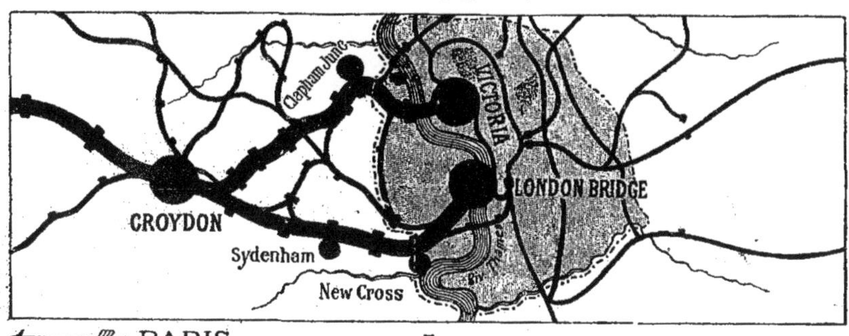

Le *Monument du prince Albert,* fut érigé en 1861, à la mémoire du mari de la reine Victoria. Il a coûté 3 millions fournis presque entièrement par souscription publique. Sa hauteur est de 53 mètres c'est un des plus jolis morceaux de l'architecture anglaise et en même temps un des plus somptueux.

(2) *L'abbaye de Westminster,* fut fondée en 616, par le roi saxon Sebert, fut remaniée complètement par Edouard-le-Confesseur en 1055. Sa façade est très élégante par la pureté de ses lignes. L'intérieur renferme des boiseries sculptées avec une habileté inouïe. C'est là que reposent les membres des familles royales et les hommes célèbres qui s'illustrèrent au service de la patrie.

(3) *Le Parlement* est certainement le plus beau monument de l'Angleterre, qui a raison d'en être fière. Il fut construit vers 1650, dans le style tudor-gothique. C'est sans contredit une merveille d'élégance et de bon goût. Il a coûté 3 millions de L. S.

(4) *La cour de Justice.* A été construite de 1874 à 1882. C'est un immense palais de style gothique très fouillé, très étudié et d'une belle venue.

(5) *Trafalgar-Square,* est l'une des plus belles places de Londres, elle est décorée par la colonne de l'amiral Nelson et par les statues des généraux Napier, Havelock, Gordon, etc. Des jeux d'eau garnissent les angles de la place et une activité fiévreuse de véhicules et de piétons règne de tout côté.

From Fleet Street we continue on down the busy Strand and reach *Trafalgar Square* (5) which has been called the finest site in Europe. On one side is the National Gallery containing some of the most valuable pictures in the world. In the square stands Nelson's column and the statues of generals Napier, Havelock, Gordon, etc.

A short walk takes us to *Piccadilly Circus* (2 page 59) one of the busiest centres in the West End of London.

We are now only a short distance from the *Palace of Westminster* (3) the place of assembly of the Houses of Lords and Commons which constitute the Parliament of Great Britain. It is an immense building in the Tudor-Gothic style with which are incorporated portions of the ancient palace of St Stephen and Westminster Hall. The new palace cost upwards of three million pounds.

Westminster Abbey (2) is, from its associations, the most famous ecclesiastical building in England. It was founded by Edward the Confessor about 1055 upon the site of a still more ancient church. It is in Westminster Abbey that the sovereigns of England have been crowned for many centuries. Adjoining Hyde Park is the *Albert Memorial* (1) erected as the inscription tells " by Queen Victoria and her people " to commemorate the late Prince Consort, the husband of the Queen. A bronze gilt statue of the prince is surmounted by a gothic canopy, constructed of costly marbles sculptured, gilded and decorated with mosaics in the most sumptuous manner. The whole is surmounted with a massive gilded cross.

CHEMINS de FER de l'OUEST

PARIS A LONDRES

VIA ROUEN, DIEPPE ET NEWHAVEN

par la

GARE SAINT-LAZARE

Départs tous les jours sans exception

à 10 h. matin et 9 h. soir

TRAJET DE JOUR EN 9 HEURES

(1re et 2e classes)

GRANDE ÉCONOMIE

PRIX DES BILLETS

BILLETS SIMPLES valables 7 jours		ALLER ET RETOUR valables un mois	
1re classe	**43** 25	1re classe	**72** 75
2e —	**32** »	2e —	**52** 75
3e —	**23** 25	3e —	**41** 50

Faculté d'arrêt, sans augmentation de prix, à ROUEN, DIEPPE, NEWHAVEN et BRIGHTON.

Des voitures à couloir, (toilette, W.-C., etc.), circulent dans les trains de jour, entre PARIS et DIEPPE. Les voyageurs de première classe, peuvent y prendre place, moyennant supplément de 1 fr. par personne.

PAQUEBOTS DU SERVICE

(Les plus rapides de la Manche)

	Machine		Machine
SUSSEX	5.000	ROUEN	3.500
TAMISE	5.000	NORMANDY	2.700
SEINE	4.000		
PARIS	3.500	BRITTANY	2.300

LONDON BRIGHTON & SOUTH COAST Ry

LONDON TO PARIS

(Via Newhaven, Dieppe and Rouen)

the

Shortest and Cheapest Route

EVERY WEEKDAY AND SUNDAY

Morning and Evening

DAY SERVICE IN 9 HOURS

(1rst and 2nd class)

GREAT ECONOMY

TICKETS FARES

SINGLE TICKETS available for 7 days		RETURN TICKETS available one month	
1st class.	**34**s/7	1st class.	**58**s/₃
2 —	**25** /7	2 —	**42** /₃
3 —	**18** /7	3 —	**33** /₃

Passengers, may break their journey at BRIGHTON, NEWHAVEN, DIEPPE and ROUEN.

PULLMAN DRAWING ROOM CARS, in charge of a Special conductor, are attached to the DAY BOAT EXPRESS-TRAINS running between Victoria and Newhaven, and CORRIDOR CARRIAGES with Lavatory, &c., between Paris & Dieppe. First Class Passengers using these Carriages are charged a Supplement of 1 s. between Victoria & Newhaven, & 1 fc. between Paris & Dieppe.

Names of Newhaven & Dieppe steamers

the fastest in the Channel.

	Horse Power		Horse Power
SUSSEX	5.000	ROUEN	3.500
TAMISE	5.000	NORMANDY	2.700
SEINE	4.000		
PARIS	3.500	BRITTANY	2.300

RENSEIGNEMENTS GÉNÉRAUX
Prolongation de la durée de validité des Billets d'Aller et Retour.

La durée de validité des billets d'aller et retour (un mois) peut être prolongée, avant la date d'expiration, d'un ou plusieurs mois, moyennant suplément de 10 % de la valeur du billet, par mois de prolongation.

ENFANTS

Les enfants au dessous de 3 ans sont transportés gratuitement ; de 3 à 7 ans, il paient demi-place, et place entière au-dessus de 7 ans. — Entre Dieppe et Newhaven ou Londres, les enfants de 3 à 12 ans paient demi-place.

CABINES RÉSERVÉES

Pour un voyageur seul..... 20 fr.
Pour plusieurs voyageurs .. 25

GARES MARITIMES
A Dieppe et a Newhaven.

Transbordement direct des voyageurs et des bagages entre les trains et les paquebots. — Ces gares maritimes contiennent : Bureaux de télégraphe, buffets, salles d'attente, cabinets de toilette, etc..

A *Newhaven*, la gare maritime communique avec l'hôtel Paris-Londres, tenu sous le contrôle de la Compagnie de Brighton. Prix modérés.

A *Londres*, Grosvenor-Hôtel, Victoria Station. — Entrée directe sur les quais de la gare.

A *Paris*, gare *Saint.Lazare*, Hôtel Terminus. — En communication avec la gare.

GENERAL REGULATIONS
AND
Information for continental passengers.

Extension of Availability of Tickets. Return Tickets to Dieppe, Rouen, Havre or Paris can be extended to return at a later period on Payment of the difference between the one month and two months' fares.

Children's Tickets. -- Children under 3 years of age are carried free on the French Railways ; 3 and under 7 at half fare. Between London and Dieppe children under 12 at half fare.

Through Children's Tickets are only issued to Paris, Rouen, Havre, Fecamp and Dieppe.

PRIVATE CABINS

For one person...... 16s/—
— two or more..... 20s/—
In addition to the First Class fare.

The trains run alongside the steamers both at Newhaven and Dieppe. At these stations Telegraph Offices, Buffets, and Waiting-Rooms are provided.

The Grosvenor Hôtel adjoins the Victoria Station and has an entrance direct from the platforms.

The London and Paris Hotel adjoins the Harbour Station *at Newhaven*.

The Grand Hotel Terminus *at Paris Saint-Lazare*, is approached from the Station.

BAGAGES.

Enregistrement. — M.M. les voyageurs sont priés de mettre leur adresse sur chacun de leurs colis et de les présenter tous à l'enregistrement; ils sont invités à se trouver à la gare au moins 30 minutes, avant l'heure fixée pour le départ du train, et à assister à l'apposition des étiquettes. Les bagages sont enregistrés directement de Paris à Londres, mais seulement pour les trains en correspondance avec les paquebots.

Taxe. — Entre Paris et Londres, les voyageurs ont droit au transport gratuit de 30 kilogs de bagage personnel. — Les enfants payant demi-place à 20 kil. seulement. — Les excédents sont soumis à la taxe de 21 fr. 25 par 100 kilogs.

Droit fixe. — Il est perçu à Paris, par voyageur présentant des bagages à l'enregistrement, un droit fixe de 1 fr. 25 ; ce droit est réduit à 0 fr. 60, pour les bagages enregistrés à Dieppe pour Londres.

DOUANE.

La visite des bagages en douane a lieu à Paris (Saint-Lazare) pour les colis en destination de Paris ou au-delà. A Dieppe, pour les colis en destination des gares intermédiaires Dieppe, Rouen, etc... A Newhaven, pour tous les colis en destination de l'Angleterre.

Les agents de la douane attendent l'arrivée des trains et paquebots et la visite a lieu immédiatement. MM. les voyageurs sont invités à y assister. — Les bagages non retirés immédiatement ne peuvent plus l'être que dans les heures d'ouverture de la douane ; soit de 9 h. à midi ou de 2 h. à 5 heures.

Les services de douane français et anglais n'admettent, sous peine d'amende, aucune marchandise, comme bagage personnel.

REGISTRATION OF BAGGAGE

Passenger's luggage. — Holders of tickets to and from all parts of France are allowed 66 lbs. free ; Children 40 lbs.

From England to France the charge for Excess Luggage is :
London to Paris, Rouen
 and Havre.......... 1d. per lb.
London to Dieppe...... ¼d. per lb.

A registration fee of 1s per passenger is charged on all luggage given into the Companies care either in France or England except between Dieppe and London when a charge of 6d. per passenger is made.

Passengers are particularly requested to see that all old labels are removed from their luggage, and have their name and adress affixed to each package.

Baggage should be presented for registration at least 15 minutes before the advertised time of departure of the trains.

Customs examination. — Passengers must be present at the examination of their luggage by the Customs Authorities in England and France. The examination takes place at the following places.

On baggage registered :
London to Paris, at St-Lazare.
  ,,   ,, Dieppe, at Dieppe.
  ,,   ,, Rouen ,,   ,,
  ,,   ,, Havre ,,   ,,
On baggage registered :
Paris, Rouen or Dieppe to London, at Newhaven.

Passengers will please notice that the Customs Regulations do not admit of any kind of Merchandise being conveyed between France and England as personal luggage, and are warned that any infringement of this rule renders them liable to fines and forfeiture of the goods so carried.

PARIS. IMP. G. LEFEBVRE, 5 & 7, RUE CLAUDE-VELLEFAUX

www.ingramcontent.com/pod-product-compliance
Ingram Content Group UK Ltd.
Pitfield, Milton Keynes, MK11 3LW, UK
UKHW021454090726
13657UKWH00003B/1359